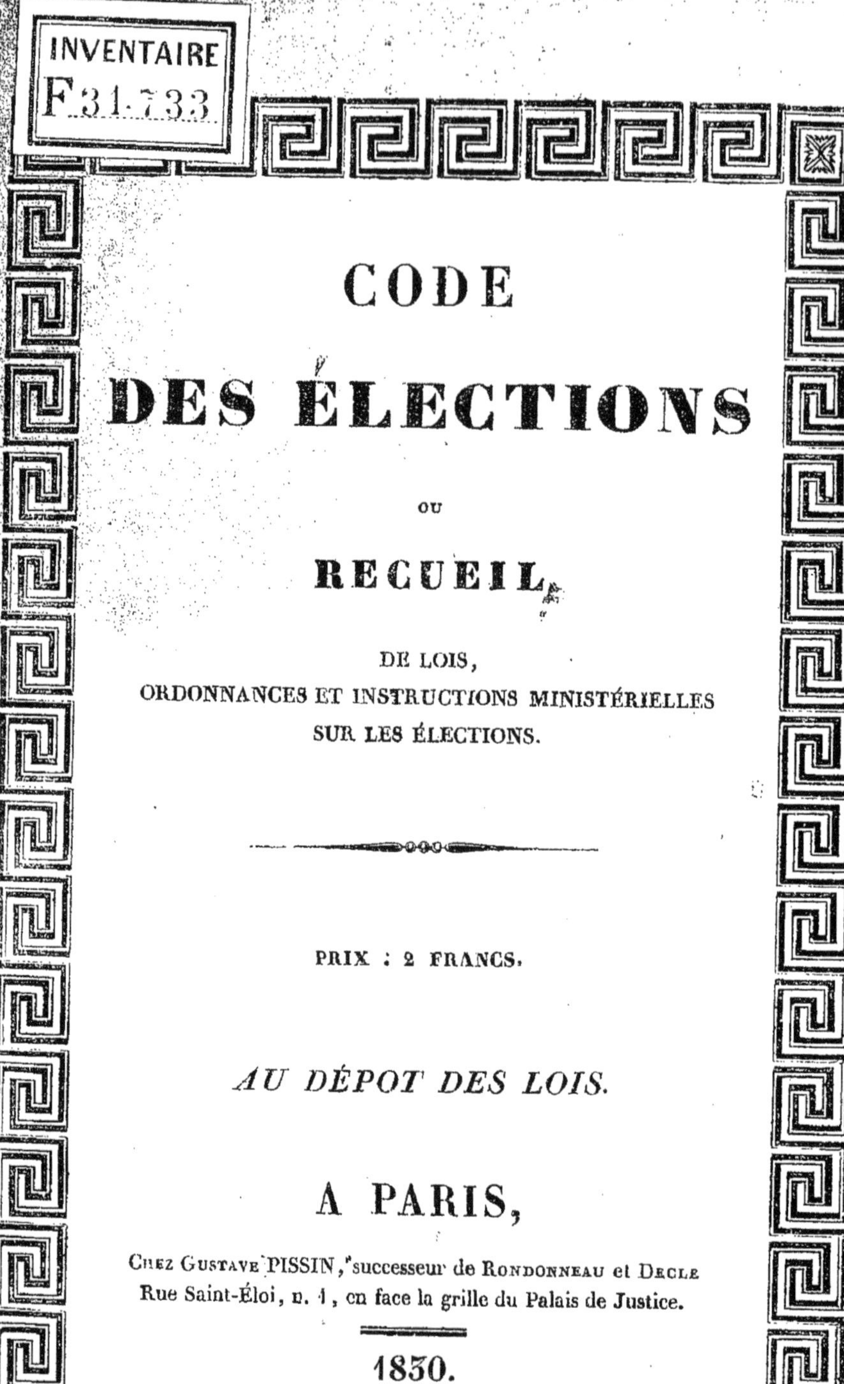

CODE
DES ÉLECTIONS

ou

RECUEIL

DE LOIS,
ORDONNANCES ET INSTRUCTIONS MINISTÉRIELLES
SUR LES ÉLECTIONS.

PRIX : 2 FRANCS.

AU DÉPOT DES LOIS.

A PARIS,

Chez Gustave PISSIN, successeur de Rondonneau et Decle
Rue Saint-Éloi, n. 1, en face la grille du Palais de Justice.

1830.

CODE

DES

ÉLECTIONS.

IMPRIMERIE ET FONDERIE DE G. DOYEN

PARIS. — RUE SAINT-JACQUES ,N. 38.

CODE

DES ÉLECTIONS

ou

RECUEIL

DE LOIS,
ORDONNANCES ET INSTRUCTIONS MINISTÉRIELLES
SUR LES ÉLECTIONS.

AU DÉPOT DES LOIS.

A PARIS,

Chez Gustave PISSIN, successeur de Rondonneau et Decle
Rue Saint-Éloi, n. 4, en face la grille du Palais de Justice.

1830.

MONITEUR.   1er octobre 1830.

RAPPORT AU ROI.

SIRE,

L'exécution des lois électorales a toujours donné lieu à des ordonnances réglémentaires et à des instructions adressées, soit aux préfets, soit aux présidens des colléges. Toutefois les formes à suivre pour la formation et la publication des listes, pour l'exercice des droits électoraux et pour la tenue des colléges ne peuvent être du domaine de l'Administration. La chambre des députés, en vérifiant les pouvoirs de ses membres, en admettant ou rejetant une élection, reste juge définitif et souverain de l'exécution des lois électorales.

Les interprétations ou développemens de ces lois donnés par voie d'ordonnances et d'instructions, ne sont que des indications et des avis; il n'en résulte pas l'obligation légale; c'est à la chambre à voir si les formalités indiquées par l'Aministration sont une conséquence nécessaire et essentielle des lois et si l'élection est viciée parce qu'on s'en est écarté.

Cependant des points fort importans et qui tiennent la substance même des opérations électorales ont été jusqu'ici réglés par ordonnances. Sans doute il n'en sera plus ainsi lorsqu'une loi définitive sur les élections aura été rendue; elle prescrira toutes les formes et les conditions d'une élection bonne et valable : alors l'Administration n'aura plus à transmettre que peu ou point d'instructions supplémentaires. En attendant ce moment, il paraît indispensable de réunir en une seule et même instruction toutes les règles et formalités suivies jusqu'à présent pour les élections. Je crois qu'il importe d'en ajouter quelques autres relatives au secret du vote, au dépouillement du scrutin, aux réclamations qui peuvent s'élever dans le sein du collége. Ces garanties devront prendre place dans la loi nouvelle, mais les électeurs en jouiront dès-à-présent, car elles n'ont rien que de conforme aux lois existantes; elles auraient pu, elles auraient dû en être déduites.

La loi transitoire du 12 septembre rend aussi nécessaires quelques instructions nouvelles. La formation du bureau provisoire exige surtout l'intervention préalable de l'Administration. Il faut qu'elle constate l'âge des électeurs appelés par la loi à composer ce bureau; sans cela le collége se trouverait, en ouvrant sa session, dans la confusion et l'incertitude. Mais l'Administration, en accomplissant cet office, n'y trouvera aucun moyen d'influence illicite. Elle sera d'ailleurs suffisamment avertie, de respecter scrupuleusement l'indépendance des votes. La confiance qu'elle doit inspirer, le bien qu'elle est appelée à faire, son impartialité, son zèle à maintenir l'ordre; voilà ses seuls titres à influer sur les élections. Elles seront conformes à l'esprit qui la dirige, si elle-même est en harmonie avec les intérêts et l'opinion du pays.

Je prie Votre Majesté de permettre que j'adresse aux préfets les instructions suivantes qui seront déposées sur les bureaux des colléges électoraux à l'ouverture de leur session.

Je suis avec le plus profond respect,

SIRE,

De Votre Majesté, le très-humble, et très-dévoué serviteur et sujet.   GUIZOT.

Approuvé :   LOUIS-PHILIPPF.

Par le Roi ;

Le ministre secrétaire-d'état au département de l'intérieur,   GUIZOT.

MONITEUR.   1er *octobre* 1830.

INSTRUCTIONS SUR LA TENUE DES COLLÉGES ÉLECTORAUX.

Nota. On a indiqué par des guillemets toutes les dispositions qui n'étaient point dans les instructions précédentes.

Formation du bureau.

La salle des séances sera ouverte à huit heures précises du matin (1).

« En avant du bureau où doivent siéger les prési-
« dens, scrutateurs et secrétaire, sera placé une
« table entièrement séparée de ce bureau, et sur la-
« quelle les électeurs écriront leurs votes.

« Le bureau sera disposé de telle sorte que les
« électeurs puissent circuler à l'entour pendant le
« dépouillement du scrutin. »

---

(1) Loi du 5 février 1817, art. 12.

Seront affichées dans la salle, 1º la liste des électeurs composant le collége ou la section; « 2º la
« liste des vingt électeurs les plus âgés avec l'indi-
« cation de la date de leur naissance; 3º la liste des
« vingt électeurs les plus jeunes, avec semblable
« indication; » 4º la liste des éligibles du département (2).

« Ces mêmes listes auront été envoyées au
« maire.

« Le maire, ou en son absence un adjoint, ou,
« au défaut de maire et d'adjoint, un conseiller mu-
« nicipal désigné par le maire, se trouvera à huit
« heures dans la salle du collége; il se placera près
« du bureau et y déposera les listes dont il vient
« d'être fait mention, ainsi que l'ordonnance de
« convocation du collége et le recueil des lois et or-
« donnances sur les élections.

« Ce fonctionnaire ne prendra point place sur le
« siége destiné au président : il pourra s'asseoir sur
« un des siéges destinés aux scrutateurs et au secré-
« taire.

« Aussitôt qu'il y aura trente électeurs présens,
« et au plus tard à neuf heures du matin, quel que
« soit le nombre des électeurs présens, le maire, ou
« le fonctionnaire qui tiendra sa place, donnera
« lecture de l'ordonnance de convocation et de la
« loi du 12 septembre 1830. Puis il appellera les
« électeurs les plus âgés, sur la liste dressée à cet
« effet, où ils seront inscrits par ordre, en descen-
« dant du plus âgé au plus jeune : Les trois premiers

____

(1) Ordonnance du 11 octobre 1820, art. 5.

« qui répondront à l'appel prendront place au bu-
« reau, savoir : le plus âgé, comme président ; les
« deux autres, comme premier et second scruta-
« teurs (1).

« Il appellera ensuite les électeurs les plus jeunes
« sur la liste dressée à cet effet, où ils seront inscrits
« par ordre en remontant du plus jeune au plus âgé.
« Les deux premiers qui répondront à l'appel pren-
« dront place au bureau comme troisième et qua-
« trième scrutateurs (2).

« Si quelqu'un des électeurs présens, inscrits sur
« l'une ou l'autre liste, ne pouvait pas, par quelque
« cause que ce fût, remplir les fonctions de prési-
« dent ou de scrutateur, il devrait le déclarer aussi-
« tôt, et il serait considéré comme absent.

« Si l'appel des deux listes d'âge ne suffisait pas
« pour compléter le bureau provisoire, le maire
« inviterait les électeurs présens, les plus âgés ou
« les plus jeunes en-dehors des deux listes, à venir
« prendre place au bureau. L'époque de leur nais-
« sance serait par eux déclarée, et il en serait fait
« mention au procès-verbal.

« Le maire ou son suppléant quitte le bureau im-
« médiatement après l'installation du président et
« des scrutateurs provisoires. S'il n'est point mem-
« bre de l'assemblée en qualité d'électeur, il sort
« aussitôt de la salle.

« S'il y avait dans la ville plusieurs colléges, ou
« sections de collége, le maire ouvrirait une de ces

____

(1) Loi du 12 septembre 1850, art. 2.
(2) Loi du 12 septembre 1850, art. 2.

« assemblées, et chacune des autres serait ouverte
« par un des adjoints ou par un conseiller municipal
« désigné par le maire.

« Les président et scrutateurs provisoires nom-
« ment immédiatement à la majorité des voix un
« des électeurs du collége ou de la section pour
« faire les fonctions de secrétaire (1).

« Le bureau provisoire ainsi formé ne peut plus
« être modifié, lors même qu'il arriverait, dans
« le cours de la séance, des électeurs plus âgés
« ou plus jeunes que ceux qui siégent déjà au bu-
« reau.

« Si le collége est divisé en plusieurs sections,
« le président de la première section préside le
« collége (2). Le bureau de cette section est le bu-
« reau central, c'est-à-dire celui où se fait le recen-
« sement des votes.

« Les présidens des sections, autres que la pre-
« mière, portent le nom de vice-présidens du col-
« lége (3)

« Le secrétaire provisoire ouvre aussitôt le pro-
« cès-verbal, et y consigne les opérations qui ont eu
« lieu jusqu'alors.

« Il est procédé de suite à l'élection du président
« et des quatre scrutateurs définitifs (4) par deux
« scrutins qui se feront en même temps, mais dans
« deux boîtes séparées. Le premier sera individuel,

____

(1) Loi du 12 septembre 1850, art. 2.
(2) Loi du 12 septembre 1850, art. 4.
(3) Loi du 5 février 1817, art. 10.
(4) Loi du 12 septembre 1850, art. 5.

« c'est-à-dire que chaque votant n'écrira qu'un seul
« nom sur son bulletin ; le second sera de liste sim-
« ple, c'est-à-dire que chaque bulletin devra conte-
« nir quatre noms. Les scrutateurs veilleront avec
« soin à ce que les votans, en déposant leurs bulle-
« tins, ne prennent pas une boîte pour l'autre. Afin
« d'éviter les erreurs de ce genre, les bulletins, qui
« auront été préparés d'avance par l'administration,
« seront de couleur différente.

Les dispositions de l'art. 13 de la loi du 5 février 1817 et de l'art. 6 de la loi du 29 juin 1820,
ont toujours été regardées comme applicables aux
scrutins pour la formation des bureaux, ainsi qu'à
ceux pour l'élection des députés.

Elles vont être successivement indiquées ci-
dessous.

Pour être admis à voter, il faut faire partie du
collége ou de la section. Nulle autre personne que
les électeurs qui en font partie ne peut entrer dans
la salle des séances, si ce n'est les membres des
bureaux des sections, qui, lors du dépouillement
du scrutin pour l'élection des députés, se rendent
au bureau central.

C'est pour éviter cette introduction de personnes
étrangères, que des cartes individuelles sont distri-
buées aux électeurs (1). Toutefois si l'un d'eux avait
oublié ou perdu sa carte, le bureau devrait l'admettre après s'être assuré de l'identité et de l'inscription sur la liste affichée dans la salle et déposée
sur le bureau.

---

(1) Ordonnance du 4 septembre 1820, art. 7.

En général, c'est cette inscription qui constate le droit de voter (1). « Cependant si un électeur « non inscrit sur cette liste se présentait muni d'un « arrêt de cour royale constatant qu'il fait partie du « collége, le bureau serait tenu de prononcer sur sa « réclamation. »

Mais si des personnes, tout-à-fait étrangères au collège ou à la section, se présentaient pour voter ou seulement pour assister aux opérations, le président devrait les avertir et au besoin leur enjoindre de ne pas rester dans la salle.

Le président fait faire un appel des électeurs. Chacun d'eux vient successivement au bureau, reçoit du président un bulletin ouvert : il écrit ou fait écrire secrètement (2) son vote sur la table préparée à cet effet « et placée en avant et séparément « du bureau, » puis il remet son bulletin écrit et fermé au président, qui le dépose dans la boîte destinée à cet usage.

Suivant l'art. 13 de la loi du 5 février 1817, le secrétaire ou l'un des scrutateurs présens doit, à mesure que chaque électeur dépose son bulletin, inscrire, sur une liste destinée à constater le nombre des votans, le nom, la qualification et le domicile de cet électeur. Le secrétaire ou scrutateur inscrit en marge son propre nom.

Mais cette formalité étant impraticable dans les colléges très-nombreux (3), on a pris le parti d'ins-

---

(1) Ordonnance du 11 octobre 1820, art. 5.
(2) Loi du 29 juin 1820, art. 6.
(3) Il est en effet impossible qu'en six heures, cinq à six cents électeurs se rendent successivement au bureau, y écrivent et dépo-

crire d'avance ces indications sur l'exemplaire de la liste des membres du collége ou de la section, qui est déposé sur le bureau. La seule formalité à remplir pour la garantie des votes, est la signature donnée par un membre du bureau, en regard des noms des électeurs votans. Il y a à cet effet, sur la liste d'inscription des votans, autant de colonnes en blanc, que de tours de scrutin.

Pour abréger les opérations quand les colléges ou sections renferment un grand nombre d'électeurs, le préfet prépare deux exemplaires de la liste d'inscription des votans. On appelle à la fois deux électeurs qui écrivent en même tems leurs votes sur la table à ce destinée, et qui remettent simultanément leurs bulletins au président; l'un arrive à droite, l'autre à gauche du bureau, et deux des scrutateurs ou secrétaires, tenant chacun un des exemplaires de la liste, se chargent de constater par leur signature le vote des électeurs placés respectivement auprès d'eux.

« Suivant l'art. 11 de l'ordonnance du 11 oc-
« tobre 1820, chaque électeur doit, en votant pour
« la prémière fois prêter le même serment que les
« fonctionnaires publics.

« La formule de ce serment, déterminée récem-
« ment par la loi du 31 août 1830, est ainsi con-
« çue :

« *Je jure fidélité au Roi des Français, obéis-*
« *sance à la Charte constitutionnelle et aux lois*
« *du royaume.* »

---

sent leur bulletin, écrivent leurs nom, qualifications et domicile, et qu'un membre du bureau signe ensuite en regard.

« La loi du 31 août l'exige des membres des deux
« chambres, des administrateurs et des magistrats.
« Elle a donc attaché l'exercice des fonctions poli-
« tiques, administratives et judiciaires, à l'accom-
« plissement de cette formalité. »

» En concourant à la formation de la chambre
« des députés, les électeurs remplissent une fonc-
« tion qui tient à l'ordre politique. Le principe
« qui a dicté la loi du 31 août s'accorde donc
« avec l'obligation imposée par l'ordonnance du
« 11 octobre 1820, conforme d'ailleurs aux lois
« constitutionnelles antérieures, qui n'admettaient
« à l'exercice des droits de citoyens, que ceux qui
« s'engageaient par le lien du serment envers le
« prince et envers l'État. »

La prestation du serment a lieu lors du scrutin
pour la formation du bureau définitif. Les électeurs
qui n'auraient pas concouru à cette opération,
prêteront serment au moment où ils se présenteront pour voter pour l'élection des députés.

Après que l'appel a été terminé, le président
doit faire un réappel des électeurs qui n'ont pas
voté.

Les électeurs qui, n'ayant pas répondu à l'appel
et au réappel, se présentent ensuite pour voter,
doivent être admis à déposer leurs bulletins jusqu'à
l'heure fixée pour la clôture du scrutin (1).

L'article 13 de la loi du 5 février 1817 porte,
entre autres dispositions, que « *chaque scrutin est,*
« *après être resté ouvert au moins pendant six*

---

(1) Ordonnance du 11 octobre 1820, art. 15.

« *heures, clos à trois heures du soir, et dépouillé*
« *séance tenante.* »

L'article 12 porte que « *chaque séance commence*
« *à huit heures du matin.* »

Ainsi, les prévisions de la loi ont été que chaque
scrutin devait durer six à sept heures, et ce temps
a toujours suffi jusqu'en 1820.

Mais l'obligation d'écrire ou de faire écrire chaque
vote sur le bureau, ainsi que le prescrit l'art. 6
de la loi du 29 juin 1820, ne permet pas quelquefois que l'appel et le réappel puissent être ter-
minés à trois heures du soir. Dans ce cas, la force
des choses, la nécessité doivent prévaloir sur des
expressions purement littérales; car la loi veut;
avant tout, que les électeurs qui se sont rendus
au collége pour y exercer leurs droits, votent et
aient le temps de voter; et il ne paraît pas douteux
que, dans une telle situation, le président peut
et doit même prolonger le scrutin au-delà de trois
heures du soir.

A trois heures, ou plus tard s'il est nécessaire, le
président déclare que le scrutin est clos; il fait d'a-
bord constater le nombre des votans, au moyen de
la feuille d'inscription (1).

Il fait procéder ensuite, de la manière suivante,
au dépouillement du scrutin pour la nomination
du président; puis au dépouillement du scrutin pour
la nomination des scrutateurs.

Le président ouvre la boîte du scrutin et compte
le nombre des bulletins. Ce nombre et celui des vo-

_____

(1) Ordonnance du 14 octobre 1820, art. 14.

tans sont mentionnés au procès-verbal. S'il ne sont pas identiques, le bureau décide, suivant les circonstances, sur la validité de l'opération : il est fait mention de la décision au procès-verbal (1).

Le président ordonne le dépouillement du scrutin.

« Un des scrutateurs prend successivement cha-
« que bulletin, le déplie, le remet au président,
« qui en fait lecture à haute voix et le passe à un
« autre scrutateur. »

Le bureau raie (2) de tout bulletin :

Les derniers noms inscrits au-delà de ceux qu'il doit contenir;

Les noms qui ne désigneraient pas clairement l'individu auquel ils s'appliquent.

Les décisions du bureau, dans ce cas comme dans tout autre, doivent être prises à la majorité des voix, et dans les formes indiquées par l'art. 9 de l'ordonnance du 11 octobre 1820.

Deux des scrutateurs et le secrétaire tiennent note du dépouillement du scrutin sous la dictée du président. Si deux des trois relevés sont d'accord, ils obtiennent la préférence sur le troisième. Si tous les trois diffèrent, il faut recommencer le dépouillement.

Celui des électeurs qui a obtenu le plus de suffrages au dépouillement du premier scrutin, est proclamé président. Ceux qui ont obtenu le plus de suffrages au dépouillement du deuxième scrutin sont proclamés scrutateurs (3).

---

(1) Ordonnance du 11 octobre 1820, art. 14.
(2) Ordonnance du 11 octobre 1820, art. 17.
(3) Loi du 12 septembre 1830, art. 3.

Si deux électeurs obtiennent le même nombre de suffrages, le plus âgé obtient la préférence (1).

« Immédiatement après la proclamation du ré-
« sultat de chaque scrutin, les bulletins sont brûlés
« en présence du collége ou de la section. »

Le président d'âge lève alors la séance et l'ajourne au lendemain ; car il ne peut y avoir qu'une séance par jour qui est close après le dépouillement du scrutin (2).

« Le second jour de la cession, le président d'âge
« ouvre la séance, accompagné des membres du
« bureau provisoire : il fait donner lecture du pro-
« cès-verbal de la séance précédente, qui a été ré-
« digé par le secrétaire et signé par tous les membres
« du bureau (3). »

Ensuite le président d'âge appelle au bureau le président et les secrétaires élus et proclamés la veille.

Lorsque ces membres du bureau définitif ont pris place, le président fait connaître le choix du secré-taire définitif qu'ils ont nommé à la majorité des voix parmi les membres du collége ou de la section (4).

Élection des Députés.

Quand le bureau définitif est complètement for-mé, le président prévient les électeurs qu'ils ont un député (ou tel nombre de députés) à élire ; qu'ils

---

(1) Loi du 5 février 1817, art. 16.
(2) Loi du 5 février 1817, art. 12.
(3) Ordonnance du 11 octobre 1820, art. 7.
(4) Loi du 12 septembre 1830, art. 3.

doivent porter sur leurs bulletins autant de noms qu'il y a de députés à nommer ; que leurs choix ne sont pas bornés aux individus compris dans la liste des éligibles du département (1), qu'ils peuvent porter sur tout individu qui, à leur connaissance, est Français, a trente ans, et paie au moins 1,000 francs de contributions directes, en ne perdant point toutefois de vue les limites posées à cette faculté par l'article 36 de la Charte, lequel veut que la moitié au moins des députés d'un département soit prise parmi les éligibles qui y ont leur domicile politique. L'autre moitié (ou la plus faible, si le nombre total des députés est impair) peut être choisie hors du département ; et, tant que ce droit n'a pas été épuisé à l'égard de l'ensemble de la députation, telle qu'elle est fixée par la loi du 29 juin 1820, les électeurs peuvent porter leurs suffrages sur des éligibles non domiciliés.

Les formalités indiquées ci-dessus pour le double scrutin relatif à la formation du bureau doivent, à plus forte raison, être observées pour les scrutins d'élection.

Les députés doivent être élus par un scrutin individuel, si le collége n'a qu'un député à nommer, ou, s'il y en a plusieurs, par un scrutin de liste. Dans ce dernier cas, chaque bulletin contient autant de noms qu'il y a de députés à nommer.

----

(1) La liste des éligibles ayant leur domicile politique dans le département, devra avoir été affichée, par les soins du préfet, dans la salle des séances, et il conviendra que le président s'en assure avant de commencer les opérations.

Suivant l'art. 7 de la loi du 29 juin 1820, nul ne peut être élu député aux deux premiers tours de scrutin, s'il ne réunit au moins le tiers plus une de la totalité des voix des membres qui composent le collége, et la moitié plus un des suffrages exprimés.

Pour constater que la première de ces deux conditions est remplie, il est nécessaire que le nombre total d'électeurs composant le collége soit mentionné au procès-verbal. L'omission de ces renseignemens a quelquefois causé des retards dans la vérification des pouvoirs des députés.

Ordinairement on ne compte pas parmi les suffrages exprimés les billets blancs, qui, ne portant aucun nom, ne peuvent par conséquent influer sur la régularité de l'opération, ni sur le nombre de suffrages exigés pour être élu.

Après les deux premiers tours de scrutin, s'il reste des nominations à faire, le bureau du collége dresse et arrête une liste des personnes qui, au dernier tour, ont obtenu le plus de suffrages ; elle contient deux fois autant de noms qu'il y a encore de députés à élire.

Les suffrages, au troisième tour de scrutin, ne peuvent être donnés qu'à ceux dont les noms sont portés sur cette liste (1).

Le bureau doit rayer les noms des individus qui ne feraient pas partie de la liste double des personnes qui ont obtenu le plus de suffrages au deuxième tour (2).

---

(1) Loi du 5 février 1817, art. 15.
(2) Ordonnance du 11 octobre 1820, art. 17.

Au troisième tour de scrutin, les nominations ont lieu à la pluralité des votes exprimés (1).

Si le collége est partagé en sections, l'état du dépouillement du scrutin de chaque section est signé et arrêté par le bureau. Il est immédiatement porté par le vice-président au bureau central du collége, qui fait, en présence des vice-présidens de toutes les sections, le recensement général des votes. Le résultat de chaque tour de scrutin est sur-le-champ rendu public (2).

Chaque jour la séance est levée après que le résultat du scrutin a été proclamé (3).

« Les membres composant le bureau de chaque « section peuvent accompagner le vice-président et « assister avec lui au recensement des votes. Le « procès-verbal de ce recensement est signé par « les membres du bureau central et par les vice- « présidens de toutes les sections. »

Si une ou plusieurs sections n'avaient pas terminé leurs opérations ou n'en avaient fait que d'irrégulières, le recensement des votes des autres sections n'en aurait pas moins lieu, et les candidats qui auraient obtenu le nombre de voix nécessaires seraient proclamés (4).

« Le lendemain du jour où l'élection est terminée, « le président du collége ou de la section, après « avoir fait donner lecture du procès-verbal de la « séance précédente, prononce la séparation du « collége ou de la section (5). »

---

(1) Loi du 5 février 1817, art. 15.
(2) Loi du 5 février 1817, art. 15.
(3) Loi du 5 février 1817, art. 12.
(4) Ordonnance du 11 octobre 1820, art. 19.
(5) Ordonnance du 11 octobre 1820, art. 20.

Il la prononcerait également le dixième jour au soir, si les opérations n'étaient pas terminées (1).

Immédiatement après la clôture, le président adresse au préfet du département les deux minutes du procès-verbal de chaque collége ou section de collége ; et le procès-verbal des recensemens généraux pour les colléges qui seront divisés en sections (2).

L'une des deux minutes reste déposée aux archives de la préfecture, et l'autre est envoyée par le préfet au ministre de l'intérieur, qui la transmet aux questeurs de la chambre des députés (3).

Observations générales.

La police du collége ou de la section appartenant au président ou vice-président, nulle force armée ne peut, sans leur demande, être placée dans le lieu ou aux abords de la salle des séances. Les commandans militaires *sont tenus d'obtempérer à leurs réquisitions* (4).

Doivent toujours être présens, dans chaque bureau, trois au moins des membres qui le composent (5).

En cas d'absence, le président est remplacé par le plus âgé, et le secrétaire par le plus jeune des scrutateurs.

Le bureau prononce provisoirement sur les dif-

---

(1) Loi du 5 février 1817, art. 12.
(2 et 3) Ordonnance du 11 octobre 1820, art. 21.
(4) Loi du 5 février 1817, art. 11. — Ordonnance du 11 octobre 1820, art. 8.
(5) Loi du 5 février 1817, art. 11.

ficultés qui s'élèvent concernant les opérations du collége ou de la section, sauf la décision définitive de la chambre des députés (1). Il délibère à part; le président prononce la décision à haute voix (2).

Le bureau n'a point à s'occuper des réclamations qui ont pour objet le droit de voter (3), « c'est-« à-dire qui concernent la capacité électorale des « personnes inscrites sur la liste ou qui prétendraient « y avoir été omises indûment. Si des réclamations « s'élevaient à cet égard, le président ferait con-« naître qu'elles ne peuvent être traitées dans le « sein du collége, mais qu'elles peuvent être pré-« sentées à la chambre des députés.

« Les réclamations sont insérées au procès-verbal, « ainsi que la décision motivée du bureau. Les pièces « ou bulletins relatifs aux réclamations sont para-« phés par les membres du bureau, et annexés au « procès-verbal.

« Les difficultés relatives au scrutin d'une sec-« tion sont décidées par le bureau de la section, « et ne sont portées au bureau central du collége, « que si elles sont de nature à influer sur le résultat « du recensement.

« Lorsque le bureau central statue sur les diffi-« cultés qui ne sont pas particulières à la section, « et qui intéressent l'ensemble des opérations du « collége, telles que le recensement général des

---

(1) Loi du 5 février 1817, art. 11.
(2) Ordonnance du 11 octobre 1820, art. 9.
(3) Ordonnance du 11 octobre 1820, art. 9.

« votes ou la liste de ballottage, il est convenable
« que les vice-présidens délibèrent avec les mem-
« bres du bureau central. »

Aux termes de l'art. 8 de la loi du 5 février 1817,
toute discussion, toute délibération sont interdites
aux colléges électoraux, et ils n'ont à s'occuper que
des élections pour lesquelles ils sont convoqués. Si
donc il s'élève des discussions dans le sein d'un
collége ou d'une section, le président doit rappeler
aux électeurs cette disposition de la loi de 1817. Si,
malgré cette observation, la discussion continue,
et si le président n'a pas d'autre moyen de la faire
cesser, il prononce la levée de la séance, et l'ajournement au lendemain au plus tard. Les électeurs
sont obligés de se séparer à l'instant (1).

____

(1) Ordonnance du 11 octobre 1820, art. 10.

LOI

Sur les Élections.

Paris, le 5 février 1817.

(Promulguée le 7 du même mois.)

LOUIS, par la grâce de Dieu, Roi de France et de Navarre,

A tous présens et à venir, salut.

Nous avons proposé, les Chambres ont adopté, nous avons ordonné et ordonnons ce qui suit :

Art 1. Tout Français jouissant des droits civils et politiques, âgé de trente ans accomplis, et payant trois cents francs de contributions directes, est appelé à concourir à l'élection des députés du département où il a son domicile politique.

2. Pour former la masse des contributions nécessaires à la qualité d'électeur ou d'éligible, on comptera à chaque Français les contributions directes qu'il paie dans tout le royaume;

Au mari, celles de sa femme, même non commune en biens; et au père, celles des biens de ses enfans mineurs, dont il aura la jouissance.

3. Le domicile politique de tout Français est dans le département où il a son domicile réel. Néanmoins il pourra le transférer dans tout autre département où il paiera des contributions directes, à la charge par lui d'en faire, six

N° 225.

mois d'avance , une déclaration expresse devant le préfet du département où il aura son domicile politique actuel, et devant le préfet du département où il voudra le transférer.

La translation du domicile réel ou politique ne donnera l'exercice du droit politique , relativement à l'élection des députés , qu'à celui qui, dans les quatre ans antérieurs, ne l'aura point exercé dans un autre département.

Cette exception n'a pas lieu dans le cas de dissolution de la Chambre.

4. Nul ne peut exercer les droits d'électeur dans deux départemens.

5. Le préfet dressera , dans chaque département, la liste des électeurs, qui sera imprimée et affichée.

Il statuera provisoirement , en conseil de préfecture, sur les réclamations qui s'élèveraient contre la teneur de cette liste , sans préjudice du recours de droit, lequel ne pourra néanmoins suspendre les élections.

6. Les difficultés relatives à la jouissance des droits civils ou politiques du réclamant seront définitivement jugées par les cours royales : celles qui concerneraient ses contributions ou son domicile politique, le seront par le Conseil d'état.

7. Il n'y a dans chaque département qu'un seul collége électoral : il est composé de tous les électeurs du département dont il nomme directement les députés à la Chambre.

8. Les colléges électoraux sont convoqués par le Roi : ils se réunissent au chef-lieu du département, ou dans telle autre ville du département que le Roi désigne. Ils ne peuvent s'occuper d'autres objets que de l'élection des députés ; toute discussion , toute délibération , leur sont interdites.

9. Les électeurs se réunissent en une seule assemblée , dans les départemens où leur nombre n'excède pas six cents.

Dans ceux où il y en a plus de six cents , le collége électoral est divisé en sections , dont chacune ne peut être moindre de trois cents électeurs.

Chaque section concourt directement à la nomination de tous les députés que le collége électoral doit élire.

10. Le bureau de chaque collége électoral se compose d'un président nommé par le Roi , de quatre scrutateurs et d'un secrétaire.

Les quatre scrutateurs et le secrétaire sont nommés par le collége, à un seul tour de scrutin de liste pour les scrutateurs, et individuel pour le secrétaire, à la pluralité des voix.

Dans les colléges électoraux qui se divisent en sections, le bureau ainsi formé est attaché à la première section du collége.

Le bureau de chacune des autres sections se compose d'un vice-président nommé par le Roi, de quatre scrutateurs et d'un secrétaire choisis de la manière ci-dessus prescrite.

A l'ouverture du collége et sections de collége , le président et les vice-présidens nomment le bureau provisoire, composé de quatre scrutateurs et d'un secrétaire.

11. Le président et les vice-présidens ont seuls la police du collége électoral ou des sections de collége qu'ils président.

Il y aura toujours présens dans chaque bureau, trois au moins des membres qui en font partie.

Le bureau juge provisoirement toutes les difficultés qui s'élèvent sur les opérations du collége ou de la section, sauf la décision définitive de la Chambre des Députés.

12. La session des colléges est de dix jours au plus. Chaque séance s'ouvre à huit heures du matin : il ne peut y en avoir qu'une par jour, qui est close après le dépouillement du scrutin.

13. Les électeurs votent par bulletins de liste, contenant, à chaque tour de scrutin, autant de noms qu'il y a de nominations à faire.

Le nom, la qualification, le domicile de chaque électeur qui déposera son bulletin, seront inscrits, par le secrétaire ou l'un des scrutateurs présens, sur une liste destinée à constater le nombre des votans.

Celui des membres du bureau qui aura inscrit le nom, la qualification, le domicile·de l'électeur, inscrira en marge son propre nom.

Il n'y a que trois tours de scrutin.

Chaque scrutin est, après être resté ouvert au moins pendant six heures, clos à trois heures du soir et dépouillé séance tenante.

L'état de dépouillement du scrutin de chaque section est arrêté et signé par le bureau. Il est immédiatement porté par le vice-président au bureau du collége, qui fait, en présence des vice-présidens de toutes les sections, le recensement général des votes.

Le résultat de chaque tour de scrutin est sur-le-champ rendu public.

14. Nul n'est élu à l'un des deux premiers tours de scrutin, s'il ne réunit au moins le quart plus une des voix de la totalité des membres qui composent le collége, et la moitié plus un des suffrages exprimés.

15. Après les deux premiers tours de scrutin, s'il reste des nominations à faire, le bureau du collége dresse et arrête une liste des personnes qui, au second tour, ont obtenu le plus de suffrages.

Elle contient deux fois autant de noms qu'il y a encore de députés à élire.

Les suffrages au troisième tour de scrutin ne peuvent être donnés qu'à ceux dont les noms sont portés sur cette liste.

Les nominations ont lieu à la pluralité des votes exprimés.

16. Dans tous les cas où il y aura concours par égalité de suffrages, l'âge décidera de la préférence.

17. Les préfets et les officiers généraux commandant les divisions militaires et les départemens ne peuvent être élus députés dans les départemens où ils exercent leurs fonctions.

18. Lorsque, pendant la durée ou dans l'intervalle des sessions des Chambres, la députation d'un département devient incomplète, elle est complétée par le collége électoral du département auquel elle appartient.

19. Les députés à la Chambre ne reçoivent ni traitemens ni indemnités.

20. Les lois, décrets et réglemens sur le mode des élections antérieurs à la présente loi sont abrogés.

21. Toutes les formalités relatives à l'exécution de la présente loi seront réglées par des ordonnances du Roi.

La présente Loi, discutée, délibérée et adoptée par la Chambre des Pairs et par celle des Députés, et sanctionnée par nous cejourd'hui, sera exécutée comme loi de l'État; voulons, en conséquence, qu'elle soit gardée et observée dans tout notre royaume, terres et pays de notre obéissance.

Si donnons en mandement à nos cours et Tribunaux, Préfets, Corps administratifs et tous autres, que les présentes ils gardent et maintiennent, fassent garder, observer et maintenir, et, pour les rendre plus notoires à tous nos sujets, ils les fassent publier et enregistrer partout où besoin sera : car tel est notre plaisir; et, afin que ce soit chose ferme et stable à toujours, nous y avons fait mettre notre scel.

Donné à Paris le cinquième jour du mois de fé-

vrier de l'an de grâce mil huit cent dix-sept, et
notre règne le vingt-deuxième.

Signé LOUIS.

Vu et scellé du grand sceau :

Le Garde des sceaux de France,
Ministre Secrétaire d'État au
département de la Justice,
Signé Pasquier.

Par le Roi :

Le Ministre Secrétaire d'État
département de l'Intérieur,
Signé Lainé.

Certifié conforme par nous,

Garde des sceaux de France, Ministre Secrétaire d'État
au département de la Justice,

Pasquier.

Se trouve au Dépôt des Lois, chez G. PISSIN, successeur de Rondonneau et Décle, place du Palais de Justice, n° 1, à Paris.

DE L'IMPRIMERIE DE CRAPELET, RUE DE VAUGIRARD, N° 9.

LOI

Sur les Élections.

Au château des Tuileries, le 29 juin 1820.

(Promulguée le 30 du même mois.)

LOUIS, par la grâce de Dieu, ROI DE FRANCE ET DE NAVARRE,

A tous présens et à venir, SALUT.

Nous avons proposé, les Chambres ont adopté, NOUS AVONS ORDONNÉ et ORDONNONS ce qui suit :

ART. 1. Il y a dans chaque département un collége électoral de département et des colléges électoraux d'arrondissement.

Néanmoins tous les électeurs se réuniront en un seul collége dans les départemens qui n'avaient, à l'époque du 5 février 1817, qu'un député à nommer; dans ceux où le nombre des électeurs n'excède pas trois cents, et dans ceux qui, divisés en cinq arrondissemens de sous-préfecture, n'auront pas au-delà de quatre cents électeurs.

2. Les colléges de département sont composés des électeurs les plus imposés, en nombre égal au quart de la totalité des électeurs du département.

Les colléges de département nomment cent soixante-douze nouveaux députés, conformément au tableau annexé à la présente loi. Ils procéderont à cette nomination pour la session de 1820.

N° 440.

La nomination des deux cent cinquante-huit députés actuels est attribuée aux colléges d'arrondissemens électoraux à former dans chaque département en vertu de l'article 1, sauf les exceptions portées au paragraphe 2 du même article.

Ces colléges nomment chacun un député. Ils sont composés de tous les électeurs ayant leur domicile politique dans l'une des communes comprises dans la circonscription de chaque arrondissement électoral. Cette circonscription sera provisoirement déterminée, pour chaque département, sur l'avis du conseil général, par des ordonnances du Roi, qui seront soumises à l'approbation législative dans la prochaine session.

Le cinquième des députés actuels qui doit être renouvelé sera nommé par les colléges d'arrondissement.

Pour les sessions suivantes, les départemens qui auront à renouveler leur députation, la nommeront en entier d'après les bases établies par le présent article.

3. La liste des électeurs de chaque collége sera imprimée et affichée un mois avant l'ouverture des colléges électoraux. Cette liste contiendra la quotité et l'espèce des contributions de chaque électeur, avec l'indication des départemens où elles sont payées.

4. Les contributions directes ne seront comptées, pour être électeur ou éligible, que lorsque la propriété foncière aura été possédée, la location faite, la patente prise et l'industrie sujette à patente exercée une année avant l'époque de la convocation du collége électoral. Ceux qui ont des droits acquis avant la publication de la présente loi, et le possesseur à titre successif, sont seuls exceptés de cette condition.

5. Les contributions foncières payées par une veuve sont comptées à celui de ses fils, à défaut de fils à celui de ses

petits-fils, et, à défaut de fils et de petit-fils, à celui de ses gendres qu'elle désigne.

6. Pour procéder à l'élection des députés, chaque électeur écrit secrètement son vote sur le bureau, ou l'y fait écrire par un autre électeur de son choix, sur un bulletin qu'il reçoit à cet effet du président; il remet son bulletin, écrit et fermé, au président, qui le dépose dans l'urne destinée à cet usage.

7. Nul ne peut être élu député aux deux premiers tours de scrutin, s'il ne réunit au moins le tiers plus une des voix de la totalité des membres qui composent le collége, et la moitié plus un des suffrages exprimés.

8. Les sous-préfets ne peuvent être élus députés par les colléges d'arrondissemens électoraux qui comprennent la totalité ou une partie des électeurs de l'arrondissement de leur sous-préfecture.

9. Les députés décédés ou démissionnaires seront remplacés chacun par le collége qui l'aura nommé.

En cas de décès ou démission d'aucun des membres actuels de la Chambre, avant que le département auquel il appartient soit en tour de renouveler sa députation, il sera remplacé par un des colléges d'arrondissement de ce département.

La Chambre déterminera par la voie du sort l'ordre dans lequel les colléges électoraux d'arrondissement procèderont aux remplacemens éventuels jusqu'au premier renouvellement intégral de chaque députation.

10. En cas de vacance par option, décès, démission ou autrement, les colléges électoraux seront convoqués dans le délai de deux mois pour procéder à une nouvelle élection.

11. Les dispositions des lois des 5 février 1817 et 25 mars 1818 auxquelles il n'est pas dérogé par la présente, conti-

nueront d'être exécutées, et seront communes aux colléges électoraux de département et d'arrondissement.

La présente Loi, discutée, délibérée et adoptée par la Chambre des Pairs et par celle des Députés, et sanctionnée par nous cejourd'hui, sera exécutée comme loi de l'État; voulons, en conséquence, qu'elle soit gardée et observée dans tout notre royaume, terres et pays de notre obéissance.

Si donnons en mandement, à nos Cours et Tribunaux, Préfets, Corps administratifs et tous autres, que les présentes ils gardent et maintiennent, fassent garder, observer et maintenir, et, pour les rendre plus notoires à tous nos sujets, ils les fassent publier et enregistrer partout où besoin sera : car tel est notre plaisir; et, afin que ce soit chose ferme et stable à toujours, nous y avons fait mettre notre scel.

Donné en notre château des Tuileries, le vingt-neuvième jour du mois de juin de l'an de grâce mil huit cent vingt, et de notre règne le vingt-sixième.

Signé LOUIS.

Vu et scellé du grand sceau :
Le Garde des sceaux de France,
Ministre Secrétaire d'État au
département de la Justice,
Signé H. DE SERRE.

Par le Roi :
Le Ministre Secrétaire d'État au
département de l'Intérieur,
Signé SIMÉON.

(Suit le Tableau.)

(5)

TABLEAU du nombre des Députés à élire par les Colléges électoraux de département

DÉPARTEMENS.	NOMBRE des nouveaux DÉPUTÉS à nommer par chaque département.	DÉPARTEMENS.	NOMBRE des nouveaux DÉPUTÉS à nommer par chaque département.
Ain	2	Hérault	2
Aisne	2	Ille-et-Vilaine	3
Allier	2	Indre	1
Alpes (Basses-)	1	Indre-et-Loire	2
Alpes (Hautes-)	1	Isère	2
Ardèche	1	Jura	1
Ardennes	1	Landes	1
Ariège	1	Loir-et-Cher	1
Aube	1	Loire	2
Aude	2	Loire (Haute-)	1
Aveyron	2	Loire-Inférieure	2
Bouches-du-Rhône	2	Loiret	2
Calvados	3	Lot	2
Cantal	1	Lot-et Garonne	2
Charente	2	Lozère	1
Charente-Inférieure	3	Maine-et-Loire	3
Cher	2	Manche	3
Corrèze	1	Marne	2
Corse	»	Marne (Haute-)	2
Côte-d'Or	2	Mayenne	2
Côtes-du-Nord	2	Meurthe	2
Creuse	1	Meuse	2
Dordogne	3	Morbihan	2
Doubs	2	Moselle	3
Drôme	1	Nièvre	2
Eure	3	Nord	4
Eure-et-Loir	2	Oise	2
Finistère	2	Orne	3
Gard	2	Pas-de-Calais	3
Garonne (Haute-)	3	Puy-de-Dôme	3
Gers	2	Pyrénées (Basses-)	2
Gironde	3	Pyrénées (Hautes-)	1

DÉPARTEMENS.	NOMBRE des nouveaux DÉPUTÉS à nommer par chaque département.	DÉPARTEMENS.	NOMBRE des nouveaux DÉPUTÉS à nommer par chaque département.
Pyrénées-Orientales..	1	Somme...............	3
Rhin (Bas-).........	2	Tarn................	2
Rhin (Haut-).......	2	Tarn-et-Garonne....	2
Rhône.............	2	Var................	2
Saône (Haute-).....	1	Vaucluse...........	1
Saône-et-Loire......	3	Vendée............	2
Sarthe............	3	Vienne............	2
Seine.............	4	Vienne (Haute-)....	2
Seine-Inférieure.....	4	Vosges............	2
Seine-et-Marne......	2	Yonne.............	2
Seine-et-Oise	3		
Sèvres (Deux-).....	1	TOTAL.......	172

Approuvé,

Signé LOUIS.

CERTIFIÉ conforme par nous

Garde des sceaux de France, Ministre Secrétaire d'État au département de la Justice,
Signé DE SERRE.

Par le Roi :

Le Ministre Secrétaire d'État au département de l'Intérieur,
Signé SIMÉON.

Se trouve au Dépôt des Lois, chez G. PISSIN, successeur de RONDONNEAU et DÉCLE, place du Palais de Justice, n° 1, à Paris.

DE L'IMPRIMERIE DE CRAPELET RUE DE VAUGIRARD, N° 9.

Ordonnance du Roi concernant la Publication et l'Affiche des Listes électorales dans tous les Départemens du royaume.

Au château des Tuileries, le 4 septembre 1820.

(Promulguée le 15 du même mois.)

LOUIS, par la grâce de Dieu, ROI DE FRANCE ET DE NAVARRE, à tous ceux qui ces présentes verront, SALUT.

Vu l'article 2 de la loi du 29 juin dernier, lequel fixe au quart de la totalité des électeurs le nombre de ceux qui doivent composer les colléges départementaux;

Considérant qu'afin de pouvoir régler définitivement la composition de ces colléges, il est nécessaire de déterminer une époque après laquelle le nombre des électeurs inscrits dans chaque département ne pourra plus subir de variation;

Vu l'article 3 de la même loi, portant que les listes électorales seront affichées un mois avant la convocation des colléges;

Sur le rapport de notre ministre secrétaire d'état de l'intérieur,

n. 445 *bis.*

Nous avons ordonné et ordonnons ce qui suit:

Art. 1er. Les listes électorales seront publiées et affichées, le 20 du présent mois, dans tous les départemens du royaume.

Elles seront dressées par canton; pour chaque canton, par ordre alphabétique; et auront un même ordre de numéros pour chaque liste.

2. Il ne pourra être fait de retranchement ni d'addition aux listes affichées que par un arrêté du préfet, pris en conseil de préfecture. Ces décisions, ainsi que toutes autres décisions attribuées par l'article 5 de la loi du 5 février 1817 aux préfets en conseil de préfecture, seront rendues dans les cinq jours de la remise des pièces, et immédiatement notifiées aux parties intéressées.

3. Tous les dix jours, pendant que les listes resteront affichées, les préfets feront publier un relevé, certifié par eux, des retranchemens et additions ordonnés comme il est réglé par l'article précédent, lesquels relevés porteront les numéros des individus retranchés et les noms des individus ajoutés.

4. Cinq jours avant l'ouverture des colléges, et, là où les colléges de département et d'arrondissement devront se réunir, cinq jours avant l'ouverture des colléges les premiers convoqués, les préfets procéderont, en conseil de préfecture, à la vérification définitive et à la clôture des listes.

L'arrêté pris pour clore chaque liste sera transcrit au bas de chacune d'elles, et exprimera le nombre des électeurs. Si c'est une liste départementale, il exprimera, en outre et séparément, le nombre des électeurs portés sur chaque liste d'arrondissement.

5. La liste de chaque collége, arrêtée ainsi qu'il vient d'être dit, sera transmise au président, et, pour les colléges divisés en plusieurs sections, au président de chaque section. Une expédition en sera affichée, dès l'ouverture, dans le lieu de chaque réunion.

6. La division des colléges en plusieurs sections, prescrite par l'article 9 de la loi du 5 février 1817, sera faite par le préfet en conseil de préfecture, en suivant l'ordre des numéros.

7. Des cartes individuelles seront, à la diligence des préfets et des maires, adressées, avant l'ouverture, au domicile de chaque électeur : elles porteront le jour et le lieu de la réunion.

8. Notre ministre secrétaire d'état de l'intérieur est chargé de l'exécution de la présente ordonnance.

Donné en notre château des Tuileries, le 4 septembre, l'an de grâce 1820, et de notre règne le vingt-sixième.

Signé LOUIS.

Par le Roi :

Le Ministre Secrétaire d'état au département de l'intérieur,

Signé Siméon

IMPRIMERIE ET FONDERIE DE G. DOYEN, RUE SAINT-JACQUES, N. 38.

ORDONNANCE DU ROI

Portant Convocation des Colléges électoraux d'arrondissement dans les départemens de la IVe série, et des Colléges départementaux, conformément aux tableaux y annexés.

Au château des Tuileries, le 11 octobre 1820.

(Promulguée le 22 du même mois.)

LOUIS, par la grâce de Dieu, ROI DE FRANCE ET DE NAVARRE ;

Vu les lois du 5 février 1817 et du 29 juin 1820 ;

Vu nos ordonnances des 18 août 1819 et 4 septembre dernier ;

Sur le rapport de notre ministre secrétaire d'état au département de l'intérieur,

NOUS AVONS ORDONNÉ et ORDONNONS ce qui suit :

ART. 1er. Les colléges électoraux d'arrondissement, dans les départemens de la quatrième série, portés au tableau ci-annexé n°. 1 , sont convoqués pour le 4 novembre prochain.

Les colléges départementaux, dans les départe-

N. 445 *bis.*

mens de toutes les séries, portés au tableau ci-joint n°. 2, ainsi que les colléges électoraux des départemens portés au tableau n°. 3, sont convoqués pour le 13 du même mois.

Ces divers colléges se réuniront dans les villes indiquées auxdits tableaux.

2. A la réception de la présente ordonnance, les préfets la feront publier dans l'étendue de leur département, avec les arrêtés par lesquels ils auront désigné les édifices où devront siéger les colléges ou sections de collége.

3. Ils feront immédiatement remettre à chaque président et vice-président, avec la lettre close par laquelle nous annonçons à chacun d'eux sa nomination et la convocation du collége,

1°. Une expédition de la présente;

2°. Un extrait de l'arrêté désignant l'édifice dans lequel le collége ou la section devra se réunir;

3°. La liste des électeurs, définitivement arrêtée conformément à l'article 4 de notre ordonnance du 4 septembre;

4°. La liste individuelle des éligibles du département.

L'une et l'autre liste devront rester affichées dans la salle des séances pendant tout le cours des opérations.

4. En cas d'empêchement, soit avant l'ouverture, soit pendant les opérations d'un président ou vice-président, le préfet nommera un des électeurs pour le remplacer.

5. Nul ne pourra être admis dans le collége ou section de collége, s'il n'est inscrit sur la liste définitive remise au président ou vice-président.

6. Le jour fixé pour l'ouverture, la séance commencera à huit heures précises du matin. Elle sera ouverte par le président ou vice-président, lequel désignera, parmi les électeurs présens, les quatre scrutateurs et le secrétaire provisoires. Il sera ensuite procédé à la nomination du bureau définitif par deux scrutins simultanés, mais distincts : l'un de liste simple, pour les quatre scrutateurs; l'autre individuel, pour le secrétaire. L'une et l'autre nomination pourra avoir lieu à la simple majorité des voix des électeurs présens (1).

7. Aussitôt que le président ou vice-président aura proclamé le bureau définitif, le secrétaire ouvrira le procès-verbal, lequel devra contenir les opérations qui auront eu lieu jusqu'à ce moment, être tenu en double minute, rédigé à la fin de chaque séance, et signé, au plus tard à l'ouverture de la séance suivante, par tous les membres du bureau qui y auront assisté.

8. La police du collége ou de la section appartenant au président ou au vice-président, nulle force armée ne peut, sans leur demande, être placée auprès du lieu des séances. Les commandans militaires sont tenus d'obtempérer à leurs réquisitions.

9. Doivent toujours être présens dans chaque bu-

---

(1) Articles 10 et 12 de la loi du 5 février 1817.

reau, trois au moins des membres qui le composent(1).

Le bureau juge provisoirement toutes les difficultés qui s'élèvent sur les opérations du collége ou de la section, sauf la décision définitive de la Chambre des Députés (2). Il ne doit pas s'occuper des réclamations qui auraient pour objet le droit de voter. Il délibère à part : le président prononce la décision à haute voix.

10. S'il s'élève des discussions dans le sein d'un collége ou d'une section, le président ou vice-président rappellera aux électeurs qu'aux termes de l'article 8 de la loi du 5 février 1817, toute discussion, toute délibération, leur sont interdites : si, malgré cette observation, la discussion continue, et si le président n'a pas d'autre moyen de la faire cesser, il prononcera la levée de la séance, et l'ajournement au lendemain au plus tard. Les électeurs seront obligés de se séparer à l'instant.

11. Il sera, pour chaque tour de scrutin, procédé à l'appel des électeurs, lesquels, à mesure que leur nom sera appelé, se présenteront pour voter. Chacun d'eux, en votant pour la première fois, devra prononcer le serment dont la teneur suit :

Je jure fidélité au Roi, obéissance à la Charte constitutionnelle et aux lois du royaume.

12. Les électeurs votent par bulletins de liste, contenant, à chaque tour de scrutin, autant de noms qu'il y a de nominations à faire (3).

---

(1) Article 11, paragraphe 2, de la loi du 5 février 1817.
(2) Article 11, paragraphe 5, de la loi du 5 février 1817.
(3) Loi du 5 février 1817, article 15, paragraphe 1.

Chaque électeur écrit secrètement son vote sur le bureau, ou l'y fait écrire par un autre électeur de son choix, sur un bulletin qu'il reçoit à cet effet du président; il remet son bulletin, écrit et fermé, au président, qui le dépose dans l'urne destinée à cet usage (1).

Le nom, la qualification et le domicile de chaque électeur qui déposera son bulletin, seront inscrits, par le secrétaire ou l'un des scrutateurs présens, sur une liste destinée à constater le nombre des votans.

Celui des membres du bureau qui aura inscrit le nom, la qualification, le domicile de l'électeur, inscrira en marge son propre nom.

Il n'y a que trois tours de scrutin.

Chaque scrutin est, après être resté ouvert au moins pendant six heures, clos à trois heures du soir, et dépouillé séance tenante (2).

13. Continueront d'être reçus, jusqu'à l'heure fixée pour la clôture, les bulletins des électeurs qui, n'ayant pas répondu à l'appel, se présenteront ensuite pour voter.

14. A trois heures, le président ou vice-président déclarera que le scrutin est clos; il comptera le nombre des bulletins, et il en ordonnera le dépouillement. Le procès-verbal constatera le nombre des bulletins trouvés dans l'urne, et celui des électeurs qui auront voté.

---

(1) Loi du 29 juin 1820, article 6.
(2) Loi du 5 février 1817, article 15.

Si le nombre des bulletins est inférieur ou supérieur à celui des votans, le bureau décidera provisoirement, selon les cas et les circonstances, de la validité de l'opération. Il sera fait mention de la décision au procès-verbal.

14. Nul ne peut être élu député aux deux premiers tours de scrutin, s'il ne réunit au moins le tiers plus une de la totalité des voix des membres qui composent le collége, et la moitié plus un des suffrages exprimés (1).

16. Après les deux premiers tours de scrutin, s'il reste des nominations à faire, le bureau du collége dresse et arrête une liste des personnes qui, au deuxième tour, ont obtenu le plus de suffrages; elle contient deux fois autant de noms qu'il y a encore de députés à élire.

Les suffrages, au troisième tour de scrutin, ne peuvent être donnés qu'à ceux dont les noms sont portés sur cette liste. Les nominations ont lieu à la pluralité des votes exprimés (2).

17. Le bureau raiera de tout bulletin,

1°. Les derniers noms inscrits au-delà de ceux qu'il doit contenir;

2°. Les noms qui ne désigneraient pas clairement l'individu auquel ils s'appliquent;

3°. Au troisième tour de scrutin, les noms des individus qui ne feraient point partie de la liste double

---

(1) Loi du 29 juin 1820, article 7.
(2) Loi du 5 février 1817, article 15.

des personnes qui ont obtenu le plus de suffrages au deuxième tour.

18. L'état du dépouillement du scrutin de chaque section est signé et arrêté par le bureau. Il est immédiatement porté par le vice-président au bureau du collége, qui fait, en présence des vice-présidens de toutes les sections, le recensement général des votes. Le résultat de chaque tour de scrutin est sur-le-champ rendu public (1).

19. Si une ou plusieurs sections n'avaient pas terminé leurs opérations ou n'en avaient fait que d'irrégulières, le recensement des votes des autres sections n'en aura pas moins lieu, et les candidats qui auraient obtenu le nombre de voix nécessaire, seront proclamés.

20. Le président prononcera la séparation du collége aussitôt que les opérations seront terminées, et au plus tard le dixième jour après l'ouverture (2).

21. Immédiatement après la clôture, le président adressera au préfet du département les deux minutes du procès-verbal de chaque collége ou section de collége, et le procès-verbal des recensemens généraux pour les colléges qui seront divisés en sections.

L'une des deux minutes restera déposée aux archives de la préfecture, et l'autre sera envoyée par le préfet à notre ministre secrétaire d'état de l'intérieur, qui la transmettra aux questeurs de la Chambre des Députés.

____

(1) Loi du 5 février 1817, article 15.
(2) Loi du 5 février 1817, article 12.

22. Notre ministre secrétaire d'état de l'intérieur est chargé de l'exécution de la présente ordonnance.

Donné au château des Tuileries, le 11 Octobre de l'an de grâce 1820, et de notre règne le vingt-sixième.

Signé LOUIS.

Par le Roi :

Le ministre Secrétaire d'état au département de l'intérieur,

Signé SIMÉON

IMPRIMERIE ET FONDERIE DE G. DOYEN, RUE SAINT-JACQUES, N. 38.

LOI

RELATIVE A L'ORGANISATION DU JURY.

A Paris, le 2 mai 1827.

(Promulguée le même jour.)

CHARLES, par la grâce de Dieu, roi de France et de Navarre, à tous présents et à venir salut.

Nous avons proposé, les Chambres ont adopté, nous avons ordonné et ordonnons ce qui suit :

ART. 1. Les jurés seront pris parmi les membres des colléges électoraux, et parmi les personnes désignées dans les paragraphes 3 et suivants de l'art. 2 ci-après.

2. Le 1ᵉʳ août de chaque année le préfet de chaque département dressera une liste qui sera divisée en deux parties.

La première partie sera rédigée conformément à l'art. 3 de la loi du 29 juin 1820, et comprendra toutes les personnes qui rempliront les conditions requises pour faire partie des colléges électoraux du département.

La seconde partie comprendra :

1° Les électeurs qui, ayant leur domicile réel dans le département, exerceraient leurs droits électoraux dans un autre département;

2° Les fonctionnaires publics nommés par le Roi, et exerçant des fonctions gratuites;

N. 517.

3° Les officiers des armées de terre et de mer en retraite ;

4° Les docteurs et licenciés de l'une ou de plusieurs des facultés de droit, des sciences et des lettres ; les docteurs en médecine, les membres et correspondants de l'Institut, les membres des autres sociétés savantes reconnues par le Roi ;

5° Les notaires, après trois ans d'exercice de leurs fonctions.

Les officiers des armées de terre et de mer en retraite ne seront portés dans la liste générale qu'après qu'il aura été justifié qu'ils jouissent d'une pension de retraite de 1,200 fr. au moins, et qu'ils ont depuis cinq ans un domicile réel dans le département.

Les licenciés de l'une des facultés de droit, des sciences et des lettres, qui ne seraient pas inscrits sur le tableau des avocats et des avoués près les cours ou tribunaux, ou qui ne seraient pas chargés de l'enseignement de quelqu'une des matières appartenant à la faculté où ils auront pris leur licence, ne seront portés sur la liste générale qu'après qu'il aura été justifié qu'ils ont depuis dix ans un domicile réel dans le département.

Dans les départemens où les deux parties de la liste ne comprendraient pas huit cents individus, ce nombre sera complété par une liste supplémentaire, formée des individus les plus imposés parmi ceux qui n'auront pas été inscrits sur la première.

3. Les listes dressées en exécution de l'article précédent seront affichées au chef-lieu de chaque commune, au plus tard le 15 août, et seront arrêtées et closes le 30 septembre.

Un exemplaire en sera déposé et conservé au secrétariat des mairies, des sous-préfectures et des préfectures, pour être donné en communication à toutes les personnes qui le requerront.

4. Il sera statué, suivant le mode établi par les art. 5 et 6 de la loi du 5 février 1817, sur les réclamations qui seraient formées contre la rédaction des listes.

Ces réclamations seront inscrites au secrétariat général de la préfecture, selon l'ordre et la date de leur réception.

Elles seront formées par simple mémoire et sans frais.

5. Nul ne pourra cesser de faire partie des listes prescrites par l'art. 2 qu'en vertu d'une décision motivée ou d'un jugement, contre lesquels le recours ou l'appel auront un effet suspensif.

6. Lorsque les colléges électoraux seront convoqués, la première partie de la dernière liste qui aura été arrêtée le 30 septembre précédent, en exécution de l'art. 3, tiendra lieu de la liste prescrite par l'art. 5 de la loi du 5 février 1817, et par l'art. 3 de la loi du 29 juin 1820.

Les préfets feront imprimer et afficher, dans ce cas, un tableau de rectification contenant l'indication des individus qui auront acquis ou perdu, depuis la publication de la liste générale, les qualités exigées pour exercer les droits électoraux. S'il s'est écoulé plus de deux mois depuis la clôture de la liste, les préfets en feront publier et afficher de nouveau la première partie avec le tableau de rectification.

Les réclamations de ceux qui auraient été omis

dans la première partie de la liste arrêtée et close le 30 septembre, et qui auraient acquis les droits électoraux antérieurement à sa publication, ne seront admises qu'autant qu'elles auront été formées avant le 1er octobre.

7. Après le 30 septembre, les préfets extrairont, sous leur responsabilité, des listes générales dressées en exécution de l'art. 2, une liste pour le service du jury de l'année suivante.

Cette liste sera composée du quart des listes générales, sans pouvoir excéder le nombre de trois cents noms, si ce n'est dans le département de la Seine, où elle sera composée de quinze cents.

Elle sera transmise immédiatement, par le préfet, au ministre de la justice, au premier président de la cour royale et au procureur général.

8. Nul ne sera porté deux ans de suite sur la liste prescrite par l'article précédent.

9. Dix jours au moins avant l'ouverture des assises, le premier président de la cour royale tirera au sort, sur la liste transmise par le préfet, trente-six noms, qui formeront la liste des jurés pour toute la durée de la session.

Il tirera en outre quatre jurés supplémentaires pris parmi les individus mentionnés au troisième paragraphe de l'art. 12 de la présente loi.

Le tirage sera fait en audience publique de la première chambre de la cour ou de la chambre des vacations.

10. Si parmi les quarante individus désignés par le sort il s'en trouve un ou plusieurs qui, depuis la formation de la liste arrêtée en exécution de l'art. 7,

soient décédés ou aient été légalement privés des capacités exigées pour exercer les fonctions de juré, ou aient accepté un emploi incompatible avec ces fonctions, la cour, après avoir entendu le procureur général, procédera, séance tenante, à leur remplacement.

Ce remplacement aura lieu dans la forme déterminée par l'article précédent.

11. Hors les cas d'assises extraordinaires, les jurés qui auront satisfait aux réquisitions prescrites par l'art. 389 du Code d'instruction criminelle ne pourront être placés plus d'une fois, dans la même année, sur la liste formée en exécution de l'art. 7.

Dans les cas d'assises extraordinaires ils ne pourront être placés sur cette liste plus de deux fois dans la même année.

Ne seront pas considérés comme ayant satisfait auxdites réquisitions ceux qui auront, avant l'ouverture de la session, fait admettre des excuses dont la cour d'assises aura jugé les causes temporaires.

Leurs noms et ceux des jurés condamnés à l'amende pour la première ou deuxième fois, seront, immédiatement après la session, adressés au premier président de la cour royale, qui les reportera sur la liste formée en exécution de l'art. 7 ; et s'il ne reste plus de tirage à faire pour la même année, ils seront ajoutés à la liste de l'année suivante.

12. Au jour indiqué pour le jugement de chaque affaire, s'il y a moins de trente jurés présens, le nombre sera complété par les jurés supplémentaires mentionnés en l'art. 9, lesquels seront appelés dans l'ordre de leur inscription sur la liste formée en vertu dudit article.

AU DÉPOT DES LOIS

Chez Gustave Pissin, libraire, successeur de Rondonneau et Décle,
Rue Saint-Éloi, n. 4. — Paris.

IMPRIMERIE ET FONDERIE DE G. DOYEN, RUE SAINT-JACQUES, N. 38.

LOI

Sur la Révision annuelle des Listes électorales et du Jury.

Au château de Saint-Cloud, le 2 juillet 1828.

CHARLES, par la grâce de Dieu, Roi DE FRANCE ET DE NAVARRE,

A tous présents et à venir, SALUT.

Nous avons proposé, les Chambres ont adopté, NOUS AVONS ORDONNÉ et ORDONNONS ce qui suit.

TITRE I.

Révision annuelle des Listes électorales et du Jury.

ART. 1. Les listes faites en vertu de la loi du 2 mai 1827 sont permanentes, sauf les radiations et inscriptions qui peuvent avoir lieu lors de la révision prescrite par la présente loi.

Cette révision sera faite conformément aux dispositions suivantes.

2. Du 1er au 10 juin de chaque année, et aux jours qui seront indiqués par les sous-préfets, les maires des communes composant chaque canton se réuniront à la mairie du chef-lieu sous la présidence du maire, et procéderont à la révision de la portion de la liste formée en vertu de la loi du 2 mai 1827 qui comprendra les citoyens de leur canton appelés à faire partie de cette liste.

N° 525.

Ils se feront assister des percepteurs de l'arrondissement cantonnal.

3. Dans les villes qui forment à elles seules un canton, ou qui sont partagées en plusieurs cantons, la révision des listes sera effectuée par le maire, les adjoints, et les trois plus anciens membres du conseil municipal, selon l'ordre du tableau. Les maires des communes qui dépendraient de l'un de ces cantons seront aussi appelés à la révision; ils se réuniront tous sous la présidence du maire de la ville.

A Paris, les maires des douze arrondissements, assistés des percepteurs, procéderont à la révision sous la présidence du doyen de réception.

4. Le résultat de cette opération sera transmis au sous-préfet, qui, avant le 1er juillet, l'adressera, accompagné de ses observations, au préfet du département.

5. A partir du 1er juillet, le préfet procédera à la révision générale de la liste.

6. Il y ajoutera les citoyens qu'il reconnaîtra avoir acquis les qualités requises par la loi, et ceux qui auraient été précédemment omis.

Il en retranchera,

1° Les individus décédés ;

2° Ceux qui auront perdu les qualités requises ;

3° Ceux dont l'inscription aura été déclarée nulle par les autorités compétentes ;

4° Enfin ceux qu'il reconnaîtrait avoir été indûment inscrits, quoique leur inscription n'eût pas été attaquée.

Il tiendra un registre de toutes ces décisions, et il fera mention de leurs motifs et des pièces à l'appui.

7. La liste ainsi rectifiée par le préfet sera affichée, le 15 août, au chef-lieu de chaque commune, et déposée au secrétariat des mairies, des sous-préfectures et de la préfecture, pour être donnée en communication à toutes les personnes qui le requerront.

Elle contiendra, en regard du nom de chaque individu inscrit sur la première partie de la liste, l'indication des arrondissements de perception où il paie des contributions, propres ou déléguées, ainsi que la quotité et l'espèce des contributions pour chacun de ces arrondissements.

8. La publication prescrite par l'article précédent tiendra lieu de notification des décisions intervenues aux individus dont l'inscription aura été ordonnée.

Toute décision ordonnant radiation sera notifiée dans les dix jours à celui qu'elle concerne, ou au domicile qu'il sera tenu d'élire pour l'exercice de ses droits politiques, s'il n'habite pas le département.

Cette notification et toutes celles qui doivent avoir lieu, aux termes de la présente loi, seront faites suivant le mode employé jusqu'à présent pour les jurés, en exécution de l'article 389 du Code d'instruction criminelle.

9. Après la publication de la liste rectifiée, il ne pourra plus y être fait de changement qu'en vertu de décisions rendues par le préfet en conseil de préfecture dans les formes ci-après.

TITRE II.

Des Réclamations sur la Révision des Listes.

10. A compter du 15 août, jour de la publication, il sera ouvert au secrétariat général de la préfecture un registre, coté et paraphé par le préfet, sur lequel seront inscrites, à la date de leur présentation, et suivant un ordre de numéros, toutes les réclamations concernant la teneur des listes. Ces réclamations seront signées par le réclamant ou par son fondé de pouvoirs.

Le secrétaire général donnera récépissé de chaque réclamation et des pièces à l'appui. Ce récépissé énoncera la date et le numéro de l'enregistrement.

(4)

11. Tout individu qui croirait devoir se plaindre, soit d'avoir été indûment inscrit, omis ou rayé, soit de toute autre erreur commise à son égard dans la rédaction des listes, pourra, jusqu'au 3o septembre inclusivement, présenter sa réclamation, qui devra être accompagnée de pièces justificatives

12. Dans le même délai, tout individu inscrit sur la liste d'un département pourra réclamer l'inscription de tout citoyen qui n'y serait pas porté, quoique réunissant toutes conditions nécessaires, la radiation de tout individu qu'il prétendrait y être indûment inscrit, ou la rectification de toute autre erreur commise dans la rédaction des listes.

Il devra motiver sa demande et l'appuyer de pièces justificatives.

13 Aucune des demandes énoncées en l'article précédent ne sera reçue, lorsqu'elle sera formée par des tiers, qu'autant que le réclamant y joindra la preuve qu'elle a été par lui notifiée à la partie intéressée, laquelle aura dix jours pour y répondre, à partir de celui de la notification.

14. Le préfet statuera en conseil de préfecture sur les demandes dont il est fait mention aux articles 11 et 12 ci-dessus, dans les cinq jours qui suivront leur réception, quand elles seront formées par les parties elles-mêmes, ou par leurs fondés de pouvoirs ; et dans les cinq jours qui suivront l'expiration du délai fixé par l'article 13, si elles sont formées par des tiers.

Ses décisions seront motivées.

La communication, sans déplacement, des pièces respectivement produites sur la question en contestation, devra être donnée à toute partie intéressée qui le requerra.

15. Il sera publié tous les quinze jours un tableau de rectification, conformément aux décisions rendues dans cet intervalle, et présentant les indications mentionnées à l'article 7 ci-dessus.

Aux termes de l'article 8, la publication de ces tableaux de rectification tiendra lieu de notification aux individus dont l'inscription aura été ordonnée ou rectifiée.

Les décisions portant refus d'inscription ou prononçant des radiations seront notifiées dans les cinq jours de leur date aux individus dont l'inscription ou la radiation aura été réclamée, soit par eux-mêmes, soit par des tiers.

Les décisions rejetant les demandes en radiation ou rectification seront notifiées dans le même délai tant aux réclamants qu'à l'individu dont l'inscription aura été contestée.

16. Le 16 octobre, le préfet procédera à la clôture de la liste. Le dernier tableau de rectification, l'arrêté de clôture et la liste du collége départemental dans les départements où il y a plusieurs colléges, seront affichés le 20 du même mois.

17. Il ne pourra plus être fait de changements à la liste qu'en vertu d'arrêts rendus dans la forme déterminée au titre suivant.

TITRE III.

Réclamations contre les Décisions du Préfet en conseil de

préfecture.

18. Toute partie qui se croira fondée à contester une décision rendue par le préfet en conseil de préfecture, pourra porter son action devant la cour royale du ressort.

L'exploi introductif d'instance devra, sous peine de nullité, être notifié dans les dix jours tant au préfet qu'aux parties intéressées.

Dans le cas où la décision du préfet en conseil de préfecture aurait rejeté une demande d'inscription formée par un tiers, l'action ne pourra être intentée que par l'individu dont l'inscription était réclamée.

La cause sera jugée sommairement, toutes affaires cessantes, et sans qu'il soit besoin du ministère d'avoué. Les actes judiciaires auxquels elle donnera lieu seront enregistrés gratis. L'affaire sera rapportée en audience publique par un des membres de la cour, l'arrêt sera prononcé après que le ministère public aura été entendu.

S'il y a pourvoi en cassation, il sera procédé comme devant la cour royale, avec la même exemption de droits d'enregistrement, sans consignation d'amende.

19. Le recours et l'action intentés par suite d'une décision qui aura rayé un individu de la liste, ou qui lui aura attribué une quotité de contribution moindre que celle pour laquelle il était précédemment inscrit, auront un effet suspensif.

20. Le préfet, sur la notification de l'arrêt intervenu, fera sur la liste la rectification qui aura été prescrite.

TITRE IV.

Formation d'un Tableau de rectification en cas d'élection après la clôture annuelle des Listes.

21. Lorsque la réunion d'un collége aura lieu dans le mois qui suivra la publication du dernier tableau de rectification prescrit par l'article 16, il ne sera fait à ce tableau aucune modification. Dans ce cas, l'intervalle entre la réception de l'ordonnance et la réunion du collége sera de vingt jours au moins.

22. Si la réunion a lieu à une époque plus éloignée, l'intervalle sera de trente jours au moins.

Dans ce dernier cas, le préfet fera afficher immédiatement l'ordonnance de convocation. Le registre prescrit par l'article 10 ci-dessus sera ouvert : les réclamations prévues par les articles 11 et 12 seront admises ; mais elles devront être faites dans le délai de huit jours, sous peine de déchéance.

Le préfet en conseil de préfecture dressera le tableau de rectification prescrit par l'article 6 de la loi du 2 mai 1827. Il le fera publier et afficher le onzième jour au plus tard après la publication de l'ordonnance, et les notifications prescrites par l'article 15 seront faites aux parties intéressées dans le délai de cinq jours.

23. L'action exercée conformément à l'article 18 sera portée directement devant la cour royale du ressort: elle n'aura d'effet suspensif que dans le cas de radiation.

L'assignation sera donnée à huitaine pour tout délai, et la cour prononcera après l'expiration du délai. L'arrêt ne sera pas susceptible d'opposition.

24. Il ne pourra être fait de changement au tableau de rectification ci-dessus prescrit qu'en exécution d'arrêts rendus par les cours royales.

TITRE V.

Dispositions générales.

25. Nul individu appelé à des fonctions publiques temporaires ou révocables ne pourra être inscrit sur la première partie de la liste du département où il exerce ses fonctions, que six mois après la double déclaration prescrite par l'article 3 de la loi du 5 février 1817.

26. Les percepteurs de contributions directes sont tenus de délivrer sur papier libre, et moyennant une rétribution de vingt-cinq centimes par extrait de rôle concernant le même contribuable, à toute personne portée au rôle, l'extrait relatif à ses contributions; et à tout individu qualifié comme il est dit à l'article 12 ci-dessus, tout certificat négatif ou tout extrait des rôles de contributions.

27. Il sera donné communication des listes annuelles et des tableaux de rectification à tous les imprimeurs qui voudront en prendre copie. Il leur sera permis de les faire im-

primer sous tel format qu'il leur plaira de choisir, et de les mettre en vente.

28. Pour l'année 1826, les opérations ordonnées par la présente loi commenceront le premier jour du mois qui suivra sa promulgation, et seront poursuivies en observant les délais qu'elle prescrit.

La présente Loi, discutée, délibérée et adoptée par la Chambre des Pairs et par celle des Députés, et sanctionnée par nous cejourd'hui, sera exécutée comme loi de l'État; voulons, en conséquence, qu'elle soit gardée et observée dans tout notre royaume, terres et pays de notre obéissance.

Si donnons en mandement à nos Cours et Tribunaux, Préfets, Corps administratifs et tous autres, que les présentes ils gardent et maintiennent, fassent garder, oberver et maintenir, et, pour les rendre plus notoires à tous nos sujets, ils les fassent publier et enregistrer partout où besoin sera : car tel est notre plaisir ; et, afin que ce soit chose ferme et stable à toujours, nous y avons fait mettre notre scel.

Donné au château de Saint-Cloud, le deuxième jour du mois de Juillet de l'an de grâce mil huit cent vingt-huit, et de notre règne le quatrième.

Signé, CHARLES.

Vu et scellé du grand sceau :
Le garde des sceaux de France,
Ministre Secrétaire d'état au
département de la justice.
Signé Comte PORTALIS.

Par le Roi :
Le Ministre Secrétaire d'état au
département de l'intérieur.
Signé DE MARTIGNAC.

Se trouve au Dépôt des Lois, chez G. PISSIN, successeur de Rondonneau et Decle, place du Palais de Justice, N° 1, à Paris.

Paris. — Imprimerie et Fonderie de G. Doyen, rue Saint-Jacques, N° 58.

LOI

Relative à la révision des listes électorales et du jury en 1830.

A Paris, le 11 septembre 1830.

LOUIS-PHILIPPE, Roi des Français, à tous présens et à venir, salut.

Les Chambres ont adopté, nous avons ordonné et ordonnons ce qui suit :

ART. 1. Les opérations relatives à la révision des listes électorales et du jury, qui, en vertu des art. 7, 10, 11, 12 et 16 de la loi du 2 juillet 1828, doivent avoir lieu du 15 août au 20 octobre de chaque année, seront, à raison des circonstances et seulement pour la présente année 1830, retardées d'un mois.

En conséquence la liste générale du jury sera publiée dans chaque département le 15 septembre; le registre des réclamations sera clos le 31 octobre; la clôture de la liste aura lieu le 16 novembre, et le dernier tableau de rectification sera publié le 20 du même mois de novembre.

2. Seront compris dans lesdites listes, aux termes de l'art. 34 de la Charte constitutionnelle, les électeurs qui, jusqu'au 16 novembre inclusivement, auront atteint l'âge de vingt-cinq ans et réuniront les conditions déterminées par les lois.

Néanmoins nul ne sera juré avant l'âge de trente ans accomplis.

La présente loi, discutée, délibérée et adoptée par la Chambre des Pairs et par celle des Députés, et sanctionnée par nous cejourd'hui, sera exécutée comme loi de l'Etat.

Donnons en mandement à nos Cours et Tribunaux, Préfets, Corps administratifs, et tous autres, que les présentes ils gardent et maintiennent, fassent garder, observer et maintenir, et pour les rendre plus notoires à tous ils les fassent publier et enregistrer partout où besoin sera ; et , afin que ce soit chose ferme et stable à toujours, nous y avons fait mettre notre sceau.

N 541.

Le secrétaire sera choisi à la majorité des voix par le président et les scrutateurs.

3. Le président et les scrutateurs du bureau définitif seront nommés par le collége à un seul tour de scrutin individuel pour le président, et de liste pour les scrutateurs, et à la pluralité des voix.

Le secrétaire du bureau définitif sera choisi à la majorité des voix par le président et les scrutateurs de ce bureau.

4. Dans les colléges divisés en plusieurs sections, les mêmes règles seront observées dans chaque section.

Le président de la première section remplira les fonctions attribuées par les lois au président du collége.

5. Les dispositions de la présente loi sont purement transitoires, et valables uniquement jusqu'à ce qu'il ait été légalement pourvu aux modifications à apporter à la législation électorale maintenant en vigueur.

La présente loi, discutée, délibérée et adoptée par la Chambre des Pairs et par celle des Députés, et sanctionnée par nous cejourd'hui, sera exécutée comme loi de l'Etat.

Donnons en mandement a nos Cours et tribunaux, Préfets, Corps administratifs, et tous autres, que les présentes ils gardent et maintiennent, fassent garder, observer et maintenir, et pour les rendre plus notoires à tous ils les fassent publier et enregistrer partout où besoin sera ; et, afin que ce soit chose ferme et stable à toujours, nous y avons fait mettre notre sceau.

Donné à Paris, au Palais-Royal, le 12e jour du mois de septembre de l'an 1830.   *Signé* LOUIS-PHILIPPE.

Par le Roi :

Le Ministre secrétaire d'état au département de l'intérieur,
Vu et scellé du grand sceau :   Signé Guizot.
Le Garde des sceaux de France, Ministre secrétaire d'état au département de la justice,   Signé Dupont (de l'Eure).

AU DÉPOT DES LOIS,
Chez Gustave Pissin, libraire, successeur de Rondonneau et Décle,
Rue Saint-Éloi, n. 1. — Paris.

IMPRIMERIE ET FONDERIE DE G. DOYEN, RUE SAINT-JACQUES, N. 38.

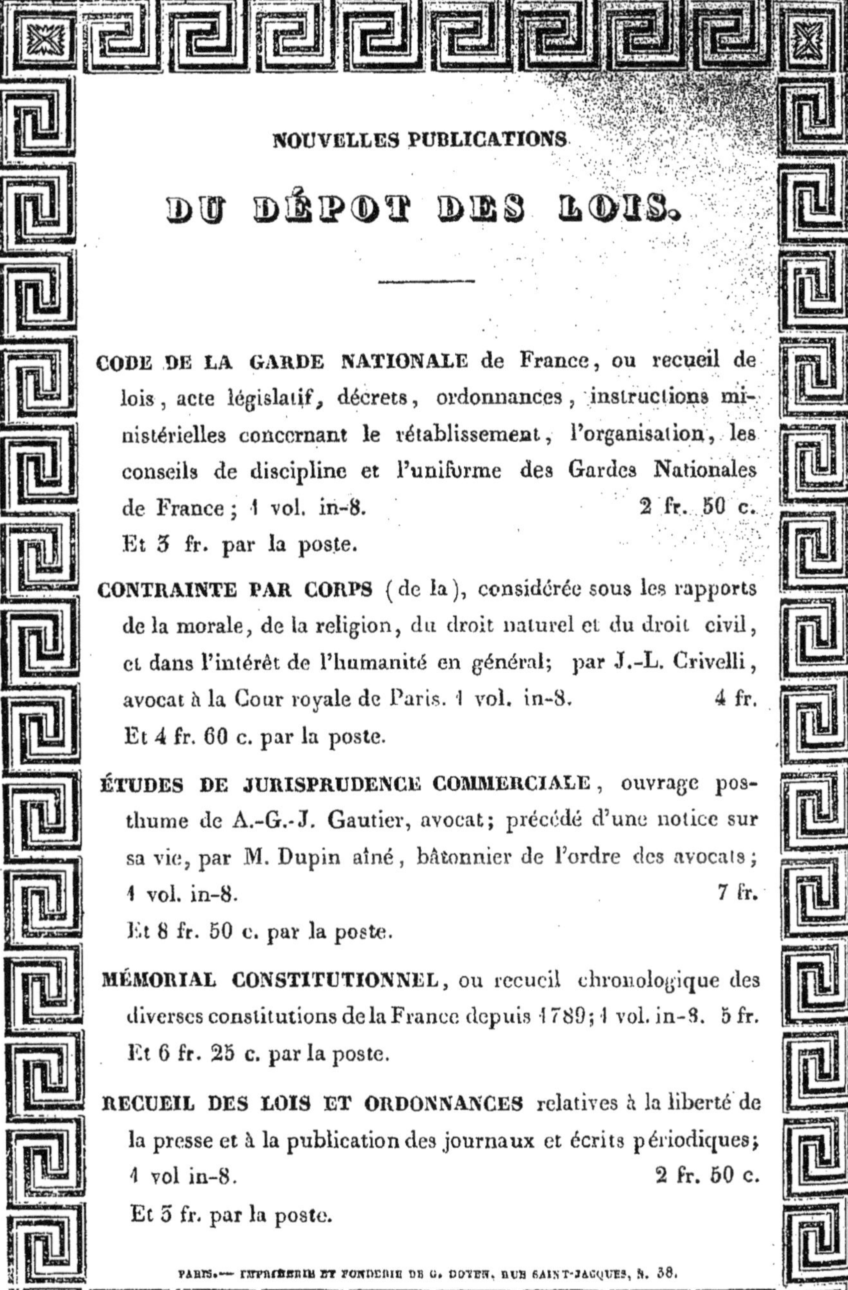